8° Z 9890 (1)

Paris
1858

ourdain, Charles-Marie-Gabriel Brechillet,

*Sextus Empiricus et la philosophie
scholastique*

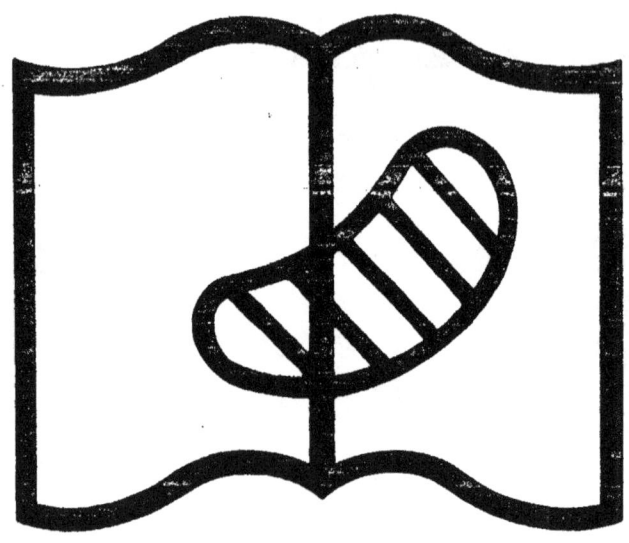

Symbole applicable
pour tout, ou partie
des documents microfilmés

Original illisible

**NF Z 43**-120-10

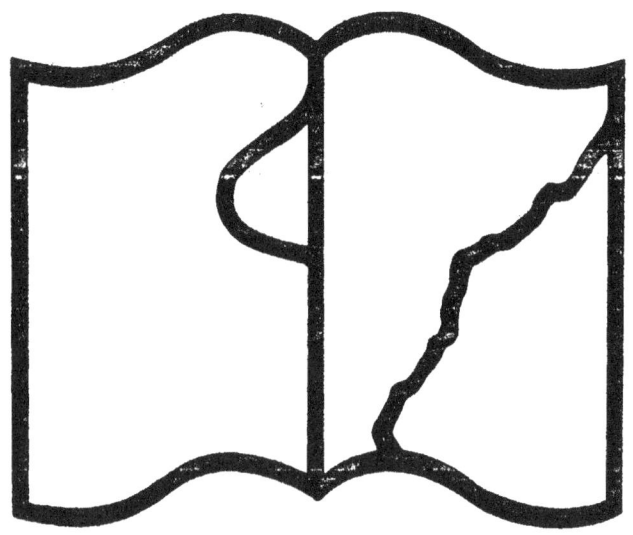

**Symbole applicable
pour tout, ou partie
des documents microfilmés**

Texte détérioré — reliure défectueuse

**NF Z 43**-120-11

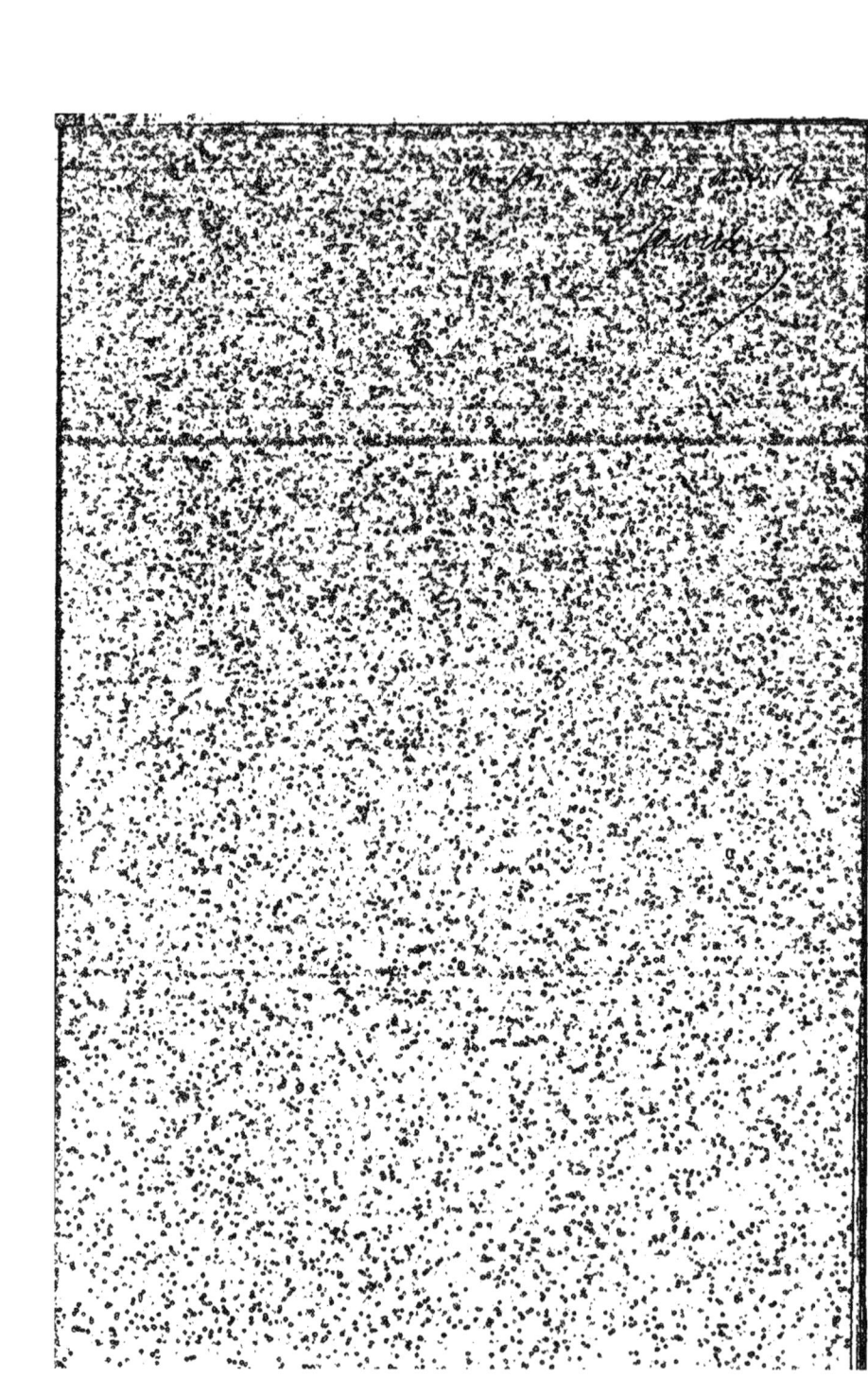

# SEXTUS EMPIRICUS

ET

# LA PHILOSOPHIE SCHOLASTIQUE

PAR

CHARLES JOURDAIN

Chef de division au ministère de l'Instruction publique et des Cultes.

PARIS,
IMPRIMERIE ET LIBRAIRIE ADMINISTRATIVES DE PAUL DUPONT,
45, RUE DE GRENELLE-SAINT-HONORÉ.

1858

(Extrait du JOURNAL GÉNÉRAL DE L'INSTRUCTION PUBLIQUE.)

# SEXTUS EMPIRICUS

ET

# LA PHILOSOPHIE SCHOLASTIQUE.

Sextus Empiricus est le dernier représentant du scepticisme en Grèce, et après Pyrrhon, il est celui qui a conservé parmi nous le plus de renommée. S'il est inférieur, sous le rapport de l'invention, à ses modèles, Agrippa et Enésidème, il a sur eux un précieux avantage ; le temps qui n'a épargné que le souvenir de leurs opinions, a respecté ses ouvrages que de nos jours encore le critique et le philosophe consultent avec fruit. Cependant, malgré les services qu'il avait rendus aux doctrines sceptiques par l'érudition et la lucidité remarquables avec lesquelles il les a exposées, il fut si peu remarqué de ses contemporains, que sa biographie nous est tout à fait inconnue et que nous ne savons même pas l'époque précise où il vivait. La conjecture la plus probable est qu'il appartient au commencement du troisième siècle de l'ère chrétienne. Sans contradicteurs et sans disciples avérés, son nom, négligé des historiens, a traversé presque inaperçu la dernière période de la philosophie grecque.

Ce sont deux Français, Henri Estienne et Gentian Hervet, à qui généralement on attribue l'honneur d'avoir fait connaître à l'Europe savante les ouvrages de Sextus. Estienne publia, en 1562, en l'accompagnant de précieux commentaires, une version latine des *Hypotyposes pyrrhoniennes* dont le texte original, alors inédit, ne parut que cinquante ans plus tard. Hervet traduisit peu après les onze livres *Contre les mathématiciens* qu'il avait retrouvés dans la bibliothèque du cardinal de Lorraine. Ces travaux d'interprétation répandirent une sorte d'éclat sur notre philosophe qui, dans l'arène ouverte par le génie de la Renaissance à tous les systèmes de l'antiquité, apparut aussitôt comme l'expression la plus érudite et la plus fidèle du pyrrhonisme. Tous ceux qui faisaient profession de douter le reconnurent pour leur maître, et il avait suscité dans le cours d'un siècle et demi Montaigne, Charron, Sorbière, Huet, La Mothe le Vayer, Foucher et Pierre Bayle, lorsqu'en 1710 Fabricius donna une édition définitive et complète de ses œuvres, monument durable élevé à sa gloire (1).

Toutefois les sentiers ouverts par l'érudition du seizième siècle n'étaient pas aussi nouveaux qu'elle le croyait elle-même. Ses efforts et ses découvertes avaient été devancés par de laborieux interprètes qui, peu jaloux de la gloire humaine, n'ont pas laissé de nom pour la plupart. Trois siècles pour le moins avant que Henri Estienne, entre les accès d'une cruelle maladie, se fut avisé, par

---

(1) *Sexti Empirici opera græce et latine. Græca ex mss. codicibus castigavit, versiones emendavit supplevitque et toti operi notas addidit Joh. Albertus Fabricius*, Lipsiæ, 1718, in-fol. Les éditions subséquentes, celle même de M. Bekker, n'ont fait guère que reproduire celle de Fabricius. Sur la vie et la doctrine de Sextus, on peut consulter, outre les historiens généraux de la philosophie, un savant article de M. Victor Leclerc, dans la *Biographie universelle*, et une dissertation de M. Philippe Lebas *Scepticæ philosophiæ secundum Sexti Empirici Pyrrhonias Hypotyposes vel institutiones expositio*. Paris, 1829, in-4°. M. Egger (*Apollonius Dyscole*. Paris, 1853, in 8°, p. 224 et 257) a indiqué entre Sextus Empiricus et le grammairien Apollonius des points de rapprochements qui peuvent servir à fixer l'âge du premier.

manière de passe-temps, comme il nous l'apprend (1), de traduire les *Hypotyposes pyrrhoniennes*, il existait une ancienne traduction de cet ouvrage, écrite dans un latin barbare, mais fidèle, et qui, à défaut d'une autre version plus élégante, aurait pu répandre dans la scholastique le goût du pyrrhonisme, si la disposition générale des esprits et la vigilance du pouvoir ecclésiastique eussent permis alors le succès d'un pareil enseignement.

La traduction dont nous parlons paraît avoir échappé complétement jusqu'ici à toutes les recherches des bibliographes. Fabricius lui-même n'en soupçonnait pas l'existence ; Harles ne la mentionne pas (2) ; parmi les écrivains plus récents, nous n'en connaissons aucun qui l'ait citée. Nous l'avons découverte, sans la chercher, dans un manuscrit de la Bibliothèque impériale, du fonds de Saint-Victor, inscrit au nouveau catalogue sous le numéro 32. Ce manuscrit est un in-folio, sur vélin, à deux colonnes, dont l'écriture semble indiquer la seconde moitié du treizième siècle. Il ne forme pas moins de 400 feuillets, et renferme plusieurs ouvrages d'une importance inégale, qui sont pour la plupart des traductions du grec, de l'arabe et de l'hébreu. La critique contemporaine l'a souvent exploré, et elle a mis en lumière une partie des richesses qu'il contient. Mon père y a retrouvé une ancienne version latine des *Analytiques* d'Aristote, faite d'après l'arabe (3) ; M. Cousin, un traité sur la dialectique ou l'art de raisonner, composé, en 1132, par Adam du Petit-Pont (4) ; M. Munck, le livre célèbre de la *Source de vie*, attribué par les docteurs scholastiques à un

---

(1) Voyez la préface qui accompagne la traduction des *Hypotyposes*, et l'*Essai sur la vie et les ouvrages de Henri Estienne*, par Léon Feugère. Paris, 1853, p. 67.

(2) *Joh. Al. Fabricii Bibliotheca græca*, cur. Harles, Hamburgi, 1795. In-4º. T. III, p. 527 et 199.

(3) *Recherches sur l'âge et l'origine des traductions d'Aristote*, 2º édit., p. 66 et 104.

(4) *Fragments philosophiques. Philosophie scholastique*. Paris, 1840, p. 517 et suiv.

écrivain juif qu'ils appellent Avicebron et dont le véritable nom est Ibn-Gebirol, de Malaga (1).

Les *Hypotyposes pyrrhoniennes* occupent les feuillets 83 à 132. Deux tables des matières, l'une ancienne, l'autre plus récente, qui sont au verso de la feuille de garde, les attribuent à Aristote, ce qui ne dénote pas, il faut en convenir, une connaissance bien exacte de la philosophie antique, ni même du péripatétisme; mais cette erreur ne se reproduit pas dans le cours du manuscrit, où l'ouvrage de Sextus ne porte aucun nom d'auteur ni de traducteur. Nous avons collationné en très-grande partie le texte grec et la version latine, et nous nous sommes assuré que celle-ci ne présentait que des lacunes sans beaucoup d'étendue dans les passages un peu difficiles que l'interprète n'avait pas compris. Elle est partagée, comme l'original, en trois livres, division qui se remarque aisément; car Sextus ne termine jamais un livre sans avertir le lecteur. Chaque livre est divisé en chapitres; mais les titres manquent absolument dans le premier livre et n'existent que dans la plus faible partie du second et du troisième. Voici, comme spécimen, quelques phrases que nous empruntons au commencement :

*Pirroniarum informationum liber primus.*

« Querentibus aliquam rem vel inventionem consequi oportet, vel negationem inventionis et incomprehensibilitatis confessionem inquisitionis (2). Propter quod fortassis et in hiis que secundum philosophiam queruntur, hii quidem invenisse verum dixerunt, hii vero asseruerunt non possibile esse comprehendi : hii autem adhuc querunt. Et invenisse quidem putant qui proprie vocantur dogmatici : ut hii qui circa Aristotelem et Epicurum et Stoicos et quidam alii. Tanquam vero de incomprehensibilibus quidam alii enunciaverunt qui

---

(1) Voyez *Mélanges de philosophie juive et arabe*, par S. Munck. Paris, 1857, in-8°.

(2) Le grec porte ἢ ἄρνησιν εὑρέσεως καὶ ἀκαταληψίας ὁμολογίαν, ἢ ἐπιμονὴν ζητήσεως. Le traducteur ou le copiste omet ἐπιμονὴν, ce qui rend la phrase inintelligible.

circa Clitomachum et Carneadum (1), et alii Academiaci. Querunt autem sceptici. Unde rationabiliter videntur supreme filosofie tres esse : docmatica, academiaca, sceptica. De aliis quidem igitur aliis congruet dicere; de sceptica vero secta in presenti nos dicemus, illud predicentes, quia de nullo eorum que dicentur certificamus, tanquam sic se habente omnino sicut dicimus, sed secundum quod nunc videtur nobis historice de uno quoque annunciamus. »

Sans prétendre multiplier les citations, nous croyons utile de donner aussi la conclusion de l'ouvrage qui, dans notre manuscrit, ne forme pas un chapitre à part comme dans l'édition de Fabricius :

« Scepticus propter id quod amicus hominum est, dogmaticorum superbiam et presumptuositatem, secundum quod posse, curare sermone vult. Quemadmodum enim corporearum passionum medici differentia secundum magnitudinem habent præsidia, et hiis quidem qui vehementius patiuntur, vehementiora horum offerunt, qui vero leviter leviora; et scepticus ita differentes interrogat et secundum fortitudinem rationes, et gravibus quidem, et potenter destruere potentibus dogmaticorum arrogantie passionem, in hiis que patiuntur vehementi presumptuositate, utitur; levioribus autem in hiis superficietenus et facile sanabile[m] habent[ibus] arrogantie passionem, et a levioribus persuasionibus destrui potentibus. Propter quod, aliquando quidem graves persuasionibus, aliquando et debiliores apparentes non piget rationes interrogare qui a scepsi motus est, aperte tanquam sufficientes sibi multociens ad proficiendum propositum. »

Les extraits qui précèdent permettent d'apprécier les incorrections de tout genre que cette grossière traduction renferme et les perpétuels outrages que la syntaxe latine y reçoit; mais elle partage ces défauts avec beaucoup d'autres versions, notamment celles d'Aristote, dont la lecture serait jugée aujourd'hui un moyen peu commode et surtout peu attrayant d'étudier le péripatétisme, et qui cependant comme fait historique, comme expression de la culture littéraire à une époque donnée, ne sont pas indignes de l'attention de la critique.

---

(1) Le manuscrit de saint Victor porte *Acarneadum*.

A la vue de ces vieux monuments de l'érudition de nos pères, la première question qui s'élève est de savoir si l'interprète à qui nous les devons a eu sous les yeux le texte grec original, ou s'il a travaillé sur une version plus ancienne écrite dans l'une des langues de l'Orient.

La critique moderne a dressé, d'après les écrivains orientaux eux-mêmes, le catalogue à peu près complet des ouvrages de l'antiquité qui furent traduits, à différentes époques, en langue syriaque, arménienne, persane et arabe (1). Ce catalogue est très-riche ; les plus grands noms de la poésie et de la philosophie grecque y figurent à côté d'écrivains moins célèbres ; mais on y cherche en vain Sextus Empiricus. Il est évident que ses précieuses compilations n'avaient pas trouvé d'interprètes dans ces contrées plutôt portées à tout admettre et à tout croire, qu'à douter de tout. L'Orient n'a produit au moyen âge qu'un seul écrivain qui ait nié ouvertement la portée de la science humaine ; c'est Gazali, vulgairement appelé Algazel, qui vivait au onzième siècle. Mais Algazel, disciple fidèle de l'islamisme, et qui s'était même laissé entraîner aux spéculations mystiques des Soufis, n'a rien qui rappelle les sceptiques anciens. Quand, effrayé des périls que courait l'orthodoxie musulmane, il entreprit d'exposer, selon le titre de l'un de ses ouvrages : « Ce qui sauve des égarements et ce qui éclaircit les ravissements (2) ; » lorsqu'il battit en brèche la certitude rationnelle au nom de la foi religieuse, attaqua toute espèce de philosophie et contesta même la notion de causalité, les arguments qu'il mit en œuvre n'étaient pas empruntés aux sectateurs de Pyrrhon ; ce n'était pas une simple réminiscence des dix vieilles objections contre l'entendement de l'homme, mais l'inspiration personnelle et originale d'un esprit vigoureux que les

---

(1) Voyez notamment le Mémoire de M. Wenrich couronné, il y a quelques années par la Société royale de Gottingue, *De auctorum græcorum versionibus et commentariis syriacis, arabicis, armeniacis, persicisque commentatio*, Lipsiæ, 1842, in-8°.

(2) Trad. par M. Schmoelders à la suite de son *Essai sur les écoles philosophiques des Arabes*. Paris. 1842, in-8°.

impiétés des métaphysiciens avaient dégoûté de la métaphysique. Tout conduit donc à penser que si les *Hypotyposes pyrrhoniennes* ont pénétré dès le moyen âge en Occident, la connaissance n'en est pas due aux Arabes qui, eux-mêmes, ne paraissent pas les avoir possédées, et qu'elle a eu lieu directement, à la faveur de quelque manuscrit en langue grecque, retrouvé dans un monastère où apporté de Constantinople après la quatrième croisade. Mais nous n'en sommes pas réduits sur ce point à des conjectures, et il suffit d'avoir lu trois ou quatre pages de la traduction que nous avons retrouvée, pour se convaincre qu'elle dérive immédiatement du texte original.

Ce qui frappe d'abord, c'est le grand nombre de mots grecs qu'on y rencontre, et qui s'y trouvent plutôt transportés que traduits, avec un simple changement dans la forme des lettres. Nous citerons comme exemples *scepsis*, ou pour être plus exact, *skepsis*, *skepseos*, *skepticus*, *epoche*, *phantasia*, *dogmatisare*, *fisiologia*, *fisiologisandum*, *filauti*, traduction de φίλαυτοί, *conii* pour κωνείον, ciguë, *miconii* pour μηκωνείον ou μηκωνείον, opium (1).

En outre, la construction du texte original est reproduite partout avec la plus scrupuleuse fidélité. Il est bien rare que des mots soient déplacés, et même que les particules si fréquentes dans la langue grecque, si rares à proportion dans les autres langues, soient oubliées. Souvent il résulte de là beaucoup d'obscurité dans la traduction ; la lettre servilement suivie empêche d'apercevoir le sens. La définition que Sextus a donnée du scepticisme est bien connue ; il le considère comme la faculté d'opposer les apparences que la sensibilité nous offre aux conceptions de l'entendement ; comme les unes et les autres ont un poids égal en sens contraire, elles produisent, en se détruisant, un état de parfait équilibre qui consiste pour l'âme

---

(1) Fol 88, r° col. 1 : Erat autem dicunt anus antica triginta dragmas *conii* sine periculo accipiens. Lisis vero *miconii* quatuor dragmas sine tristitia sumebat. *Ibid.* V° col. 2 : Quoniam autem *filauti* quidam existentes dogmatici dicunt oportere seipsos aliis hominibus praeferre in judicio. Lib. I, c. 14.

dans la suspension complète du jugement, accompagnée de tranquillité morale et d'indifférence : Ἔστι δὲ ἡ σκεπτικὴ δύναμις, ἀντιθετικὴ φαινομένων καὶ νοουμένων, κ. τ. λ. Comment ne pas préférer la définition originale au latin barbare et à peine compréhensible du traducteur, fol. 83, r°, col. 2 : « Est autem sceptica potentia oppositiva visibilium et intelligibilium secundum quemlibet modum ; a qua venimus, propter equalem potentiam que est in oppositis rebus et rationibus, primo quidem ad desistentiam, postea vero ad imperturbationem? »

Un peu plus loin je lis cette phrase inintelligible, fol. 33, v° col. 2 : « Putant enim quemadmodum que omnia sunt falsa vox cum aliis et se ipsam falsam esse dicit. » La phrase grecque est suivie pas à pas ; mais il est indispensable de s'y reporter pour saisir le sens des mots alignés pour ainsi dire mécaniquement par l'interprète, I, 7 : Ὑπολαμβάνει γὰρ, ὅτι ὥσπερ ἡ, πάντα ἐστὶ ψευδῆ, φωνὴ μετὰ τῶν ἄλλων καὶ ἑαυτὴν ψευδῆ εἶναι λέγει. « Dans la pensée du sceptique, cette proposition : Toutes choses sont fausses, signifie qu'elle est fausse elle-même, comme tout le reste. »

Les idiotismes grecs ne devaient pas embarrasser médiocrement la fidélité minutieuse du traducteur ; aussi, sans viser à concilier la correction et la clarté avec l'exactitude, il se contente du simple mot à mot. Par exemple, ce membre de phrase : « Hii qui circa Aristotelem et Epicurum et Stoïcos, » est le calque, pour ainsi dire, d'une expression bien connue même des commençants : Οἱ περὶ Ἀριστοτέλην καὶ Ἐπικοῦρον, καὶ τοὺς Στωϊκους, les disciples d'Aristote, d'Epicure et des Stoïciens.

Mais c'est surtout quand il rencontre une citation de Pindare, d'Euripide ou d'Homère, que l'interprète anonyme se tient près de son modèle, sauf à ne pas traduire ce qu'il ne comprend pas. Sextus, en parlant des diverses occupations des hommes, cite ce fragment de Pindare qu'il nous a conservé :

Ἀελλοπόδων μέν τιν' εὐφραίνοισιν ἵππων
Τιμαὶ καὶ στέφανοι, τοὺς δ' ἐν πολυχρύσοις
Θαλάμοις βιοτά· τέρπεται δὲ

Καί τις ἐπ' οἶδμ' ἅλιον καί ποθ
Σῶς διαστείβων (1)

Le traducteur qui ne connaissait pas l'adjectif ἀλλοπόδων, n'a pas hésité à l'omettre avec le substantif ἵππων ; mais comment a-t-il traduit la suite ? « Letificant honores et coronæ quosdam, aut in habentibus multum auri thalamis vita ; gaudet autem aliquis per undam marinam navi veloci pergens. » Toutes les expressions du texte original se retrouvent dans sa traduction, sans le plus léger changement, même dans l'ordre des mots. Mais où retrouver dans cette copie servile et inerte, le souffle de génie qui inspirait Horace écrivant ces beaux vers, à l'imitation du poëte thébain :

    Sunt quos curriculo pulverem Olympicum
    Collegisse juvat ; metaque fervidis
    Evitata rotis, palmaque nobilis
    Terrarum dominos evehit ad deos, etc. ?

En dernier lieu, il est assez remarquable que les prépositions et autres particules qui servent à former les termes composés sont relevés scrupuleusement par le traducteur qui cherche toujours et qui trouve quelquefois des équivalents plus ou moins heureux. Ainsi, les mots παρακειμένων αὐτῇ φιλοσοφιῶν nous donnent, dans la version latine, *adjacentibus sibi philosophiis* ; ἀνήκοοι τῶν λεγομένων, *inexaudibiles eorum que dicuntur* ; συμπεριγράφει, *circumscribit* ; ἀταραξία, *imperturbatio* ; ἀδοξάστως, *inopinabiliter* ; τὸ οὗ χάριν, *id cujus gratia* ; ὑποτάσσεται, *superponuntur* ; εἰσαγομένην, *introductam*.

Ces rapprochements, qu'il serait facile de multiplier, ne permettent pas de conserver un doute sur l'origine de la traduction qui nous occupe ; quelles que soient ses imperfections, elle dérive certainement du grec, à la différence de beaucoup d'autres versions des écrivains de l'antiquité, en usage dans les écoles du moyen âge, qui avaient été faites sur un texte arabe, syriaque ou hébreu.

Mais ce premier point éclairci, une seconde question s'élève ; à

---

(1) Nous suivons le texte de l'édition de Pindare donnée par M. Boissonnade, dans sa Collection des poëtes grecs, p. 108.

quelle époque vivait ce traducteur anonyme et quel a été le sort de son œuvre? On ne saurait admettre qu'il soit antérieur aux siècles de la scholastique; car les formes si incultes de son style démontrent de la manière la plus péremptoire que l'antiquité est bien loin derrière lui, qu'il est séparé d'elle par d'épaisses ténèbres, et qu'il essaie péniblement d'en retrouver la trace oubliée depuis longtemps. C'est dans une langue autrement correcte et lumineuse que Boëce traduisait les monuments de la philosophie péripatéticienne. Au quatrième siècle, la culture intellectuelle était en pleine décadence; mais on connaissait, on admirait, on goûtait les chefs-d'œuvre littéraires de la Grèce et de Rome. Cicéron et Virgile étaient des modèles que, tout en désespérant de les égaler, on se sentait le courage et le droit d'imiter. Mais les derniers reflets de la civilisation antique ne tardèrent pas à s'effacer entièrement, et l'Europe sillonnée par les barbares tomba dans une nuit profonde que la puissance et le génie de Charlemagne ne parvinrent pas à dissiper. Avec le onzième siècle commence à poindre l'aurore d'une renaissance véritable dont les progrès furent lents et laborieux, et que favorisa, cent cinquante ans plus tard, l'introduction en Occident des ouvrages d'Aristote et des Arabes. C'est vers cette époque riche en traductions de tout genre, les unes dérivées du grec, les autres de textes orientaux, toutes grossières et incorrectes, que l'ancienne traduction latine des *Hypotyposes pyrrhoniennes* nous paraît remonter. Toutefois, les catalogues, en assez grand nombre, que nous avons consultés, non plus que les recherches historiques auxquelles nous nous sommes livré, ne nous ont rien appris de sa date précise. Ces infatigables interprètes à qui le moyen âge dut la connaissance de l'antiquité philosophique, sont restés si longtemps ignorés, que l'obscurité qui environne encore quelques-uns de leurs travaux, n'a rien qui doive surprendre. A défaut du nom et de l'époque de son traducteur, nous espérions du moins recueillir quelques détails sur l'influence que Sextus Empiricus avait pu exercer au moyen âge, et sur les appréciations dont sa doctrine avait été l'objet; mais cet espoir a été pareillement déçu; et bien que nos investigations n'aient pas été sous certains rapports inutiles, les résultats qu'elles ont donnés, sont, comme on le verra, surtout négatifs.

Le moyen âge était préservé du scepticisme par l'énergie de ses croyances religieuses et par cette confiance magnanime à laquelle l'esprit humain s'abandonne si facilement, tant que des échecs répétés ne l'ont pas convaincu de sa faiblesse. Les âmes les plus indociles dont l'ascendant de l'Eglise comprimait à peine les rébellions et qui cherchaient à se frayer des sentiers nouveaux en dehors du dogme traditionnel, un Scot Erigène, un Bérenger, un Abélard, se montraient plutôt téméraires que découragés, et loin de contester la puissance de la raison, ils l'appliquaient à des entreprises qui la surpassaient.

Parcourez l'*Introduction à la Théologie* et la *Théologie chrétienne* d'Abélard ; quelle naïve confiance le présomptueux écrivain ne témoigne-t-il pas dans les ressources infinies de la dialectique ! Il sait et il confesse que la nature divine recèle des profondeurs que l'œil de l'homme ne peut sonder ; mais ces impénétrables ténèbres ne l'arrêtent pas ; la Sainte Trinité, l'Incarnation, le péché originel, les mystères de la nature et ceux de la grâce, il prétend tout expliquer. Combien nous sommes loin de la plainte désespérée des sceptiques anciens contre l'irrémédiable faiblesse de l'intelligence !

Cependant, au moyen âge même, l'élan généreux des esprits n'avait pas entièrement effacé la trace des objections dirigées autrefois contre la certitude ; le pyrrhonisme n'était pas tout à fait inconnu, et à deux reprises différentes, au douzième siècle dans les ouvrages de Jean de Sarrisbéry, au treizième siècle dans ceux de Henri de Gand, vous le retrouvez, sinon enseigné ouvertement, tout au moins exposé et combattu, comme un système considérable qui, bien qu'il soit faux, n'est pas à mépriser, et mérite une réfutation. Mais, chose remarquable ! Sextus Empiricus est tout à fait laissé dans l'ombre, et assurément ce n'est pas la lecture de ses livres qui a suggéré cette polémique inusitée.

Dans plusieurs passages de ses ouvrages et notamment au VIIe livre de son *Polycratique*, Jean de Sarrisbéry parle de ces philosophes qui ne reconnaissent pas à l'esprit de l'homme le pouvoir de s'élever à la vérité, qui flottent incertains entre les opinions contraires et font consister la sagesse à douter de toutes choses. Il s'élève contre cette feinte ignorance qui ravalerait l'homme au-dessous de la brute, si elle était effective; il demande si ceux qui l'enseignent doutent aussi de leur doute, et ignorent qu'ils ignorent (1). C'est l'objection même que par la suite se posait Descartes, dans le cours de ses perplexités, et qui l'aidait à remonter l'échelle des vérités métaphysiques, en partant du fait même de son doute. Mais Sarisbéry qui touche en courant à mille sujets, rit des sceptiques, sans discuter les arguments sur lesquels ils fondent leurs maximes, et comme il les désigne tous généralement sous le nom d'Académiciens, il indique assez par cela seul à quelle source il a puisé ce qu'il nous dit de leur système. Ses autorités habituelles en cette matière sont, en effet, les *Académiques* de Cicéron et de saint Augustin, et les *Nuits attiques* d'Aulu-Gelle; ce sont à peu près les seules qu'il cite et nous ne sommes pas en droit de supposer qu'il ait connu par d'autres témoignages le scepticisme des anciens.

Henri de Gand est plus didactique et plus complet que Jean de Sarrisbéry. Son ouvrage capital, la *Somme de théologie*, s'ouvre par la question même qui partage les Pyrrhoniens et les dogmatiques : *Utrum contingat hominem aliquid scire?* « L'homme peut-il savoir quelque chose (2)? » Selon la marche usitée dans l'École, il commence par exposer les arguments en faveur de la négative, et il en trouve sept. Ne sommes-nous pas reportés, sinon aux dix motifs de suspension du jugement ou raisons d'*époque* de Pyrrhon et de Sextus Empiricus, du moins à des objections approchantes? Nous l'avons pensé d'abord, mais notre erreur a été de courte durée. En quoi consistent les motifs de doute invoqués par les anciens sceptiques? C'était un tissu assez habile d'objections tirées de la mobilité des opinions humaines et des contradictions qu'elles présentent, selon l'âge, le tempérament, l'état de santé ou de maladie, la disposition des objets, l'habitude, l'éducation, les lois civiles et la religion des différents peuples. Comme les jugements des hommes varient pres-

---

(1) *Polycraticus*, lib. VII, cap. 2 : » Si de singulis academicus dubitat, de nullo certus est... An dubitet incertum habet, dum hoc ipsum nescit, an nesciat. » Cf *Entheticus*, v. 727 et sqq., et v. 1137 et sqq. Nous avons sous les yeux l'édition des œuvres de Jean de Sarrisbéry, publiée il y a quelques années par le Dr Giles. Oxford, 1848. 5 vol. in-8°.

(2) *Henrici a Gandavo Summa in tres partes digesta*. Ferrariæ, 1646, in-fol. t. 1, art. 1, q. 1.

que à l'infini, que sur des objets identiques la plupart pensent différemment, et que même chacun de nous, aux différents âges de sa vie et dans des conditions différentes, professe des sentiments opposés, Pyrrhon concluait que le discernement du vrai et du faux n'est pas possible, et que dans cette prodigieuse diversité d'avis contraires, la sagesse consiste à ne pas se prononcer, à ne dire sur rien ni oui, ni non, à s'abstenir, à douter. Chez Henri de Gand, nous ne trouvons rien qui puisse être comparé à cette curieuse et trop célèbre polémique. Il signale, mais légèrement, la diversité des sensations qui engendre celle des jugements. Il objecte la nécessité de la démonstration, et cependant le progrès à l'infini où se perd celui qui prétend tout démontrer, la difficulté de savoir ce qu'on n'a pas appris et d'apprendre ce qu'on ne sait pas : l'instabilité des objets qui sont la matière de la connaissance humaine ; le mystère qui environne l'essence des choses; l'origine purement sensible de nos idées ; je passe sous silence d'autres difficultés secondaires. Lorsque dans la suite du discours, Henri de Gand fait la revue des philosophes qui se sont constitués les adversaires de la science, il nomme Protagoras, Héraclite, les Académiciens, Leucippe même et Démocrite ; il omet Pyrrhon et ne prononce pas même les mots de sceptiques et de scepticisme. Après avoir énoncé les motifs de doute, il s'applique à les éclaircir et à justifier la raison et la philosophie. Contre ceux qui nient les principes de la croyance humaine, il constate que l'on ne peut argumenter régulièrement, qu'il faut se contenter de leur opposer les preuves susceptibles de porter la conviction dans un esprit bien fait. Les témoignages sur lesquels il s'appuie, seraient faciles à démêler, quand bien même il ne prendrait pas le soin de nous les faire connaître ; ce sont encore les *Académiques* de Cicéron et de saint Augustin. Mais il s'y joint une autorité nouvelle que Jean de Sarrisbéry n'avait pas connue, je veux dire Aristote qui, dans le quatrième livre de sa *Métaphysique*, a si profondément réfuté les objections de Protagoras contre le fondement de la certitude. Protagoras avait poussé aux derniers excès l'esprit de doute et de négation. Une même chose peut tout ensemble exister et ne pas exister, tout est vrai et tout est faux à la fois, ou plutôt rien n'est faux et rien n'est vrai : voilà en deux mots la formule du système que le subtil sophiste enseignait à la jeunesse d'Athènes, que Socrate et Platon combattirent, et que, même après ces immortels génies, Aristote ne jugea pas indigne d'une réfutation régulière. Ce sont les traits principaux de cette réfutation victorieuse, qui étaient présents à la pensée de Henri de Gand, lorsqu'il écrivait les premières pages de la *Somme de théologie* ; c'est là qu'il a puisé ses arguments les plus décisifs en faveur de la certitude. Il avait appris d'Aristote non-seulement à définir les notions fondamentales de la philosophie, mais aussi à combattre les erreurs qui ébranlent les bases de la science humaine.

Si nous passons maintenant à d'autres écrivains de la scholastique, le souvenir et l'influence du véritable scepticisme grec sont absents également de leurs ouvrages. Albert le Grand dont la curiosité embrassa presque toutes les sciences ; saint Thomas d'Aquin qui toucha d'une main si ferme toutes les vérités fondamentales de l'ordre moral ; Vincent de Beauvais dans les encyclopédies ou *Miroirs* qui ont fait vivre son nom ; Roger Bacon que son savoir et ses découvertes firent surnommer le docteur admirable ; Duns Scot qui porta dans la controverse une habileté si subtile ; ces maîtres illustres entre tous ceux que l'Ecole applaudit, ne paraissent pas soupçonner les arguties que la sophistique grecque entassa autrefois contre la certitude. C'est à peine si, pour eux, la question existe, tant ils s'abandonnaient avec confiance aux facultés que l'homme a reçues de la Providence pour la recherche du vrai ! Au début de son *Speculum doctrinale*, après avoir tracé les grandes divisions de la connaissance humaine, Vincent de Beauvais signale tour à tour les conditions les plus favorables pour l'étude des sciences, et les principaux obstacles qui peuvent les entraver, comme serait la prétention de tout lire et de tout connaître, même les choses inutiles ; mais dans cette curieuse revue des empêchements qui nuisent à notre éducation intellectuelle, je relève une grave omission ; le savant écrivain ne parle pas de la manie de douter de tout, non moins funeste à l'intelligence que la manie de tout effleurer (1). Ailleurs,

---

(1) *Bibliotheca mundi, seu Speculi majoris Vincentii Burgundi tomus secundus*. Duaci, 1624, in-fol. p. 21 et sqq.

il critique les Académiciens qui prétendent que le savoir n'existe pas pour l'homme et que tout est incertain; mais dans aucun passage, à notre connaissance, il ne mentionne l'école pyrrhonienne. Cette école paraît avoir été ignorée jusqu'à la fin du moyen âge; sa trace du moins ne se révèle nulle part. Un écrivain du commencement du quatorzième siècle, Walter Burleigh, a laissé un livre curieux ayant pour titre : *Vie et mœurs des philosophes et des poëtes* (1), qui peut donner une idée de l'érudition philosophique de ses contemporains. Il possédait, au moins en partie, l'utile compilation de Diogène Laërce : car il le cite fréquemment à côté de Cicéron, Sénèque, Valère Maxime et saint Augustin. Il sait les biographies de plusieurs personnages de l'antiquité sur lesquels il a recueilli toutes les anecdotes que ses lectures ont pu lui fournir. Mais s'il connaît Anaximandre et Anacharsis, Périandre et Thalès, Empédocle et Pittacus, les noms, je ne dirai pas d'Enésidème et de Sextus Empiricus, mais de Pyrrhon et de son disciple Timon, ne sont pas parvenus jusqu'à lui. Tout ce côté sceptique de l'histoire de la philosophie ancienne échappe évidemment à son érudition.

Aussi, quel que soit l'intérêt que paraisse offrir la découverte d'une traduction de Sextus Empiricus, qui remonte aux temps de la scholastique, nous nous garderons d'y chercher le thème hasardeux d'un paradoxe difficile à soutenir, et nous n'attribuerons pas aux *Hypotyposes pyrrhoniennes*, dès le siècle de saint Thomas d'Aquin et de Roger Bacon, une renommée et une influence qu'elles n'ont obtenues que trois siècles plus tard. Si l'ouvrage a été traduit, il n'a que bien peu circulé; il n'a pas eu de lecteurs et n'a pas formé de disciples; il est resté la propriété solitaire de ses rares possesseurs. Il arrivait quelquefois que des princes et même des particuliers fissent faire pour leur usage personnel la traduction des œuvres

---

(1) *Libellus de Vita et moribus philosophorum et poetarum*, souvent réimprimé sur la fin du quinzième siècle. Nous avons eu sous les yeux une édition de Nuremberg, 1477, in-4°. On trouve d'intéressants détails sur l'ouvrage de Walter Burleigh, dans une dissertation de M. Wollflin, *Cæcilii Balbi de nugis philosophorum quæ supersunt*. Basileæ, 1855, in-4°.

qu'ils ne pouvaient pas lire dans le texte original. C'est ainsi que plusieurs ouvrages de l'antiquité et des Arabes ont été traduits par les ordres de l'empereur Frédéric II et de son fils Manfred. Saint Thomas d'Aquin fut pour sa part, au témoignage de plusieurs historiens, le promoteur de travaux semblables que Guillaume de Meerbecke entreprit sur Aristote. Peut-être en a-t-il été de même pour l'ouvrage de Sextus Empiricus; soit que le texte original ait été accidentellement retrouvé en Europe, ou qu'il ait été rapporté de l'Orient, peut-être fut-il traduit à l'invitation de quelque protecteur éclairé des lettres, qui ne possédait pas la langue grecque et qui appela le savoir des interprètes au secours de son ignorance. Mais les livres ont, comme les personnes, leurs destinées, *habent sua fata libelli*. Tandis que les monuments de la philosophie péripatéticienne se répandaient dans tout l'Occident et devenaient la base, en quelque sorte officielle, de l'enseignement public, les *Hypotyposes pyrrhoniennes*, inutiles aux théologiens et hérissées de propositions mal sonnantes qui devaient scandaliser la piété des lecteurs, restèrent enfouies obscurément dans la poussière des bibliothèques. On oublia bientôt qu'elles avaient été traduites, et elles ne commencèrent à retrouver des lecteurs qu'au seizième siècle, dans une société qui n'était plus celle du moyen âge, et après que Henri Estienne eût fait paraître une nouvelle version plus pure et plus attrayante que l'ancienne.

Comme la traduction que nous avons sous les yeux suit l'original de très-près, et qu'à défaut du mérite de l'élégance, elle offre celui de l'exactitude littérale, nous avions à nous demander si elle ne serait pas de quelque utilité pour la constitution du texte, et si dans les passages controversés, le mot latin ne mettrait pas sur la trace du mot grec dont il est le calque fidèle. Nous avons essayé quelques rapprochements de ce genre, mais ils ne nous ont pas donné de résultats qui méritent d'être signalés. Ainsi que Fabricius en fait la remarque (1), le texte des *Hypotyposes* présente aujourd'hui bien peu

---

(1) *Præfat* : « Quam plurimas mendas..... sustuli ita ut paucissima loca jam putem superesse in quibus à Sexti sensu in lectione vehementer aberretur. »

de difficultés sérieuses; il paraît aussi bien établi qu'un texte de l'antiquité peut l'être. A peine y aurait-il à glaner dans notre manuscrit quelques variantes qui, dans la plupart des cas, viendraient à l'appui des corrections proposées par le célèbre éditeur ; mais c'est là un travail très-minutieux et très-aride dont nous devons épargner la sécheresse et l'ennui à nos lecteurs.

En résumé, sans exagérer l'importance historique et philologique de cette ancienne traduction des *Hypotyposes*, il faut nous en tenir au simple fait qui nous est révélé par le manuscrit de Saint-Victor, c'est qu'à une époque antérieure au quatorzième siècle, un interprète dont le nom n'est pas venu jusqu'à nous, avait écrit, d'après le texte grec, une version latine de l'ouvrage de Sextus Empiricus, qui, sans avoir eu beaucoup de succès, avait cependant trouvé place dans la bibliothèque d'une illustre abbaye, entre les ouvrages d'Aristote et des philosophes arabes. Ce fait ignoré jusqu'ici, nous le croyons, est une preuve de plus qu'il y eût au moyen âge des sources cachées d'érudition, que le zèle des traducteurs avait ouvertes, et dans lesquelles la philosophie scholastique pouvait librement puiser, bien avant la prise de Constantinople et la renaissance définitive des lettres antiques.

A M. Léopold Delisle,
membre de l'Institut,
hommage de l'auteur,
C. Jourdain

dans le ms. 8p5 de S. Victor, au f. 87, après
les lettres de Boniface V. de Phil. le Bel
(Salutem modicam sive nullam), sous le titre
de: Questio bene disputata ad argumenta
super rebato precedentium litterarum,
se trouve l'opuscule commençant:
"Questio est utrum dignitas pontificalis
et imperialis...."

Dans une table écrite au XV.e s. en tête du
volume ce traité est conf.t désigné:
Item quedam questio super eadem
materia compilata ut fertur per
Dominum Egidium de Roma archiepm Biturien.

www.ingramcontent.com/pod-product-compliance
Lightning Source LLC
Chambersburg PA
CBHW070527050426
42451CB00013B/2893